INTELIGÊNCIA ARTIFICIAL, SERÁ O FIM?

IA

Luiz Tozzo

Design da capa por: Pintor de arte
Número de controle da Biblioteca do Congresso: 2018675309

Impresso nos Estados Unidos da América

Dedico a Deus, meus familiares e amigos

*"Diariamente, sento-me um instante em silêncio em agradecimento por todos detalhes.
Agradeço poder me levantar da cama todos os dias e conseguir andar, respirar, trabalhar, ter autonomia para realizar as minhas tarefas e agradeço ao Criador que tem cuidado de mim".*

Prefácio

A inteligência artificial é uma das tecnologias mais fascinantes e transformadoras do nosso tempo. Ela tem o potencial de revolucionar a maneira como vivemos, trabalhamos e nos relacionamos uns com os outros. Neste livro, exploramos os fundamentos da inteligência artificial, desde os algoritmos de aprendizado de máquina até as redes neurais profundas. Descubra como a IA está sendo usada em uma variedade de setores, desde a medicina até a indústria automotiva, e como ela está mudando a forma como pensamos sobre a inteligência e a criatividade. Com insights de especialistas líderes no campo e exemplos práticos de aplicação da IA, este livro é uma introdução indispensável para qualquer pessoa interessada em entender a revolução da inteligência artificial.

SÃO PAULO-SP-BRASIL

MAIO DE 2023

O AUTOR-LUIZ TOZZO

PRÓLOGO

Se você criar uma inovação no campo da inteligência artificial, para que as máquinas sejam capazes de aprender, isso valerá 10 Microsofts.

Bill Gates

Introdução

"Inteligência Artificial",Será O Fim?

Daniel 12: 4. E tu, Daniel, fecha estas palavras e sela este livro, até ao fim do tempo; muitos correrão de uma parte para outra, e a ciência se multiplicará.

A inteligência artificial é um ramo da ciência da computação que busca desenvolver algoritmos e sistemas capazes de realizar tarefas que, tradicionalmente, exigiriam inteligência humana. Essa área de estudo tem crescido exponencialmente nas últimas décadas, impulsionada pelo avanço tecnológico e pela necessidade crescente de automatizar processos e solucionar problemas complexos em diversas áreas, como saúde, finanças, indústria e logística. A inteligência artificial tem o potencial de revolucionar a forma como vivemos e trabalhamos, trazendo benefícios significativos para a sociedade.

Sumário

inteligentes e autônomos.

7. Processamento de linguagem natural:

como os computadores são capazes de entender e produzir linguagem humana.

8. Visão computacional:

como os computadores podem "ver" e interpretar imagens e vídeos.

9. Desafios da inteligência artificial:

uma análise dos principais desafios que os pesquisadores enfrentam ao tentar criar sistemas inteligentes avançados.

10. Futuro da inteligência artificial:

uma reflexão sobre o potencial da IA para transformar a sociedade e as possíveis implicações de um futuro com sistemas cada vez mais inteligentes.

11.humanóides e a Inteligência Artificial:

Os humanóides podem trazer riscos a humanidade ao ser controlados por inteliência Artificial?

12.Forças Armadas e a Inteligência Artificial:

Qual o risco das forças armadas com Inteligência Artificial serem

1. História Da Inteligência Artificial:

A história da inteligência artificial (IA) remonta aos anos 40, quando muitos pesquisadores começaram a explorar o conceito de uma máquina que pudesse imitar a inteligência humana. O termo "inteligência artificial" foi cunhado em 1956 em uma conferência em Dartmouth College, onde um grupo de pesquisadores reuniu-se para discutir o assunto.

Nas décadas seguintes, a IA evoluiu bastante. Nos anos 60, o desenvolvimento de sistemas especialistas - programas que utilizavam regras de lógica para tomar decisões - foi um grande avanço. Nos anos 70, a IA começou a ser aplicada em diversos setores, como medicina, finanças e controle de processos industriais.

Nos anos 80, a IA se expandiu para outras áreas, como visão computacional e processamento de linguagem natural. Alguns dos algoritmos mais importantes, como o algoritmo de retropropagação, foram desenvolvidos nesta época.

Nos anos 90, a IA começou a ser aplicada em sistemas autônomos, como robôs e veículos autônomos, e o aprendizado de máquina se tornou uma área de pesquisa importante.

Desde então, a IA continuou a evoluir rapidamente, com avanços significativos em áreas como o reconhecimento de fala, tradução automática e inteligência artificial geral. Hoje, a IA é usada em uma ampla variedade de aplicações, desde assistentes virtuais em smartphones até sistemas de diagnóstico médico e carros autônomos.

A História Da Inteligência Artificial Nos Anos 1940

A história da inteligência artificial começa nos anos 1940, quando pesquisadores começaram a explorar a ideia de criar máquinas que pudessem simular a inteligência humana. O termo "inteligência artificial" foi cunhado em 1956, durante uma conferência realizada em Dartmouth College, nos Estados Unidos.

Na década de 1940, o matemático britânico Alan Turing desenvolveu o "Teste de Turing", um método para avaliar a capacidade de uma máquina de exibir um comportamento inteligente semelhante ao de um ser humano. Também na década de 1940, o engenheiro eletricista americano Claude Shannon propôs um modelo matemático de como uma máquina pode ser programada para jogar xadrez.

Na década de 1950, o programa de computador "Logic Theorist" desenvolvido pelo matemático americano John McCarthy, era capaz de demonstrar teoremas matemáticos de forma lógica e simular a inteligência humana em um nível básico.

Esses primeiros avanços foram fundamentais para a criação do campo da inteligência artificial e serviram de base para o desenvolvimento de novas tecnologias e algoritmos nas décadas seguintes.

Nos Anos 1960

Nos anos 1960, a inteligência artificial (IA) começou a se desenvolver como uma disciplina distinta, com muitos pesquisadores trabalhando em diferentes abordagens para criar sistemas que pudessem imitar a inteligência humana.

Uma das primeiras abordagens para a IA foi o desenvolvimento de sistemas especialistas. Esses sistemas usavam regras de lógica para tomar decisões e resolver problemas em áreas específicas, como medicina, finanças e controle de processos industriais. Os sistemas especialistas foram desenvolvidos por pesquisadores como Edward Feigenbaum e Joshua Lederberg, que criaram o primeiro sistema especialista em 1965 para diagnosticar doenças renais.

Além dos sistemas especialistas, os anos 1960 também viram o desenvolvimento de outras abordagens para a IA, como a programação simbólica. Essa abordagem envolveu o uso de símbolos e regras para representar o conhecimento e resolver problemas. Um exemplo notável foi o projeto GPS (General Problem Solver), liderado por Allen Newell e Herbert Simon na Carnegie Mellon University.

Outra abordagem importante foi o uso de redes neurais artificiais, que imitavam o funcionamento do cérebro humano para realizar tarefas como reconhecimento de padrões e aprendizado de máquina. Frank Rosenblatt desenvolveu a primeira rede neural artificial, o Perceptron, em 1958, mas a técnica só começou a se popularizar nos anos 1960.

Embora os avanços na IA tenham sido significativos nos anos 1960, ainda havia muitos desafios a superar. Os computadores da época eram muito limitados em termos de poder de processamento e capacidade de armazenamento, o que dificultava o desenvolvimento de sistemas mais complexos. Além disso, muitos dos algoritmos e técnicas de IA ainda estavam em seus estágios iniciais, e seria necessário muito mais pesquisa e desenvolvimento para torná-los mais eficazes e úteis.

Nos Anos 1970

Nos anos 1970, a pesquisa em inteligência artificial passou por um período de grandes avanços e também de desilusão.

No início da década, o sistema "ELIZA", desenvolvido pelo cientista da computação Joseph Weizenbaum, chamou a atenção do público ao simular uma conversa terapêutica com um humano, mostrando o potencial da inteligência artificial em áreas como a psicologia.

Na mesma época, o sistema "Shakey", desenvolvido no laboratório de inteligência artificial da Universidade Stanford, demonstrou a capacidade de robôs em navegar em ambientes complexos e realizar tarefas básicas.

No entanto, na segunda metade da década, muitos pesquisadores ficaram desiludidos com a falta de progresso na área e começaram a questionar a viabilidade da inteligência artificial. O livro "Perceptrons", de Marvin Minsky e Seymour Papert, criticou a capacidade limitada dos algoritmos de redes neurais artificiais da época e causou uma queda no financiamento da pesquisa em inteligência artificial.

Apesar das dificuldades, a década de 1970 foi fundamental para a consolidação da inteligência artificial como uma área de pesquisa importante e para o desenvolvimento de tecnologias que seriam a base para futuros avanços.

Nos Anos 1980

Nos anos 1980, a pesquisa em inteligência artificial passou por um período de renovação e avanços significativos.

Uma das principais áreas de pesquisa na década de 1980 foi o desenvolvimento de técnicas de aprendizado de máquina, incluindo redes neurais artificiais e algoritmos genéticos. Essas técnicas permitiram que as máquinas aprendessem a partir de dados e melhorassem sua capacidade de tomar decisões.

Outra área de destaque foi o processamento de linguagem natural, que permitiu que as máquinas entendessem e respondessem a comandos de voz e texto. Isso resultou no desenvolvimento de assistentes virtuais, como o Siri da Apple e o Alexa da Amazon.

Além disso, a década de 1980 viu avanços significativos em robótica, com o surgimento de robôs capazes de realizar tarefas complexas em ambientes variados. Um exemplo notável foi o robô "PUMA" da Unimation, que foi o primeiro robô industrial programável comercialmente disponível.

O financiamento governamental e o interesse do setor privado na inteligência artificial também aumentaram na década de 1980, impulsionando ainda mais a pesquisa e o desenvolvimento de novas tecnologias.

Em resumo, os anos 1980 foram uma época de renovação e avanços significativos na pesquisa em inteligência artificial, que resultaram em tecnologias que ainda são usadas atualmente em muitas aplicações.

Inteligência Artificial Nos Dias Atuais

Hoje em dia, a inteligência artificial é uma das áreas de tecnologia mais dinâmicas e em rápido desenvolvimento. Desde o início dos anos 2000, a inteligência artificial tem sido impulsionada pelo aumento da capacidade de computação, grandes quantidades de dados disponíveis e algoritmos sofisticados de aprendizado de máquina.

Atualmente, a inteligência artificial é amplamente usada em diversas áreas, como reconhecimento de voz e imagem, análise de dados, automação de processos, assistentes virtuais, robótica e muito mais. Algumas das aplicações mais comuns da inteligência artificial incluem:

- Reconhecimento de voz e imagem: a inteligência artificial é usada para identificar objetos em imagens e reconhecer comandos de voz em assistentes virtuais, como Siri, Alexa e Google Assistant.

- Análise de dados: a inteligência artificial é usada para analisar grandes quantidades de dados e identificar padrões, tendências e insights valiosos para as empresas.

- Automatização de processos: a inteligência artificial é usada para automatizar processos repetitivos e rotineiros, como atendimento ao cliente e processamento de pedidos.

- Robótica: a inteligência artificial é usada para desenvolver robôs capazes de realizar tarefas complexas em ambientes variados, como entrega de encomendas, inspeção de infraestrutura e até cirurgias médicas.

No entanto, o crescimento da inteligência artificial também trouxe desafios significativos, incluindo questões de ética, privacidade e segurança. O debate sobre a utilização responsável da inteligência artificial é cada vez mais importante, e muitos governos e organizações estão trabalhando para estabelecer regulamentos e diretrizes para o uso da tecnologia.

2-Tipos De Inteligência Artificial

E xistem três tipos principais de inteligência artificial: a inteligência artificial fraca (ou estreita), a inteligência artificial geral e a inteligência artificial forte. A inteligência artificial fraca é projetada para executar tarefas específicas com eficiência, enquanto a inteligência artificial geral é capaz de entender e executar uma variedade de tarefas. Já a inteligência artificial forte é um sistema que possui a capacidade de raciocinar, aprender e tomar decisões de forma autônoma, sem a necessidade de intervenção humana.

Inteligência Artificial Fraca

A inteligência artificial fraca, também conhecida como

inteligência artificial estreita, é um tipo de tecnologia de IA que é projetada para executar tarefas específicas com eficiência, mas sem a capacidade de generalizar ou aplicar o conhecimento adquirido em outras áreas. Essa forma de IA é limitada a um conjunto específico de tarefas, como reconhecimento de voz, processamento de linguagem natural, visão computacional, entre outras.

Um exemplo de IA fraca é o assistente virtual em um smartphone, que é capaz de reconhecer comandos de voz e realizar tarefas específicas, como fazer uma ligação ou enviar uma mensagem de texto. A IA fraca é amplamente utilizada em diversas aplicações, desde sistemas de recomendação em lojas virtuais até sistemas de diagnóstico médico, aumentando a eficiência e a precisão em muitas áreas. No entanto, ela não possui a capacidade de compreender o contexto e a complexidade da vida real, como uma pessoa seria capaz de fazer.

Inteligência Artificial Geral

A inteligência artificial geral, é um tipo de tecnologia de IA que é capaz de entender e executar uma ampla variedade de tarefas. Ao contrário da inteligência artificial fraca, que é projetada para executar tarefas específicas com eficiência, a IA geral é capaz de aplicar o conhecimento adquirido em uma área em outras áreas, e de aprender novas habilidades de forma autônoma.

A IA geral ainda é um conceito em desenvolvimento, e não existe uma tecnologia de IA geral totalmente funcional disponível atualmente. No entanto, pesquisas estão sendo realizadas em várias áreas, como aprendizado profundo, redes neurais e algoritmos de reforço, na tentativa de desenvolver sistemas de IA que possam ser considerados "gerais".

Um exemplo hipotético de IA geral seria um sistema que pudesse realizar tarefas em diferentes áreas, como um assistente pessoal que pudesse ajudar em tarefas domésticas, jogar jogos, conversar sobre diversos assuntos, entre outras atividades. Alguns especialistas acreditam que a criação de uma IA geral poderia revolucionar a forma como as pessoas interagem com a tecnologia e até mesmo com o mundo.

Inteligência Artificial Forte

A inteligência artificial forte é um tipo de tecnologia de IA que é capaz de raciocinar, aprender e tomar decisões de forma autônoma, sem a intervenção humana. O termo "forte" se refere à capacidade da IA de ser considerada uma entidade inteligente por si só, capaz de superar a inteligência humana em muitas áreas.

Atualmente, ainda não existe uma IA forte totalmente funcional disponível, mas essa é uma área de pesquisa em constante evolução. A criação de uma IA forte é considerada uma das metas mais ambiciosas e desafiadoras da área de inteligência artificial, pois envolve a construção de um sistema que possa realmente pensar e aprender como um ser humano.

Para alcançar a IA forte, os pesquisadores estão desenvolvendo algoritmos de aprendizado de máquina mais avançados, redes neurais mais complexas e aprimorando o processamento de linguagem natural. A criação de uma IA forte tem o potencial de revolucionar a sociedade, com aplicações em diversas áreas, como medicina, indústria, transporte, entre outras. No entanto, também existem preocupações sobre os possíveis impactos da IA forte na sociedade e na economia, o que torna essa uma área de pesquisa importante e crítica.

Diferentes Abordagens

Existem várias abordagens para construir sistemas inteligentes, cada uma com suas próprias vantagens e desvantagens. Aqui estão algumas das principais abordagens:

1. Lógica: Esta abordagem utiliza regras lógicas para representar o conhecimento e o raciocínio, como o sistema de lógica proposicional e de primeira ordem. A vantagem desta abordagem é que ela é baseada em princípios matemáticos sólidos e pode ser facilmente verificada. No entanto, a lógica pode não ser capaz de lidar com a complexidade do mundo real.

2. Aprendizado de máquina: Esta abordagem utiliza algoritmos que permitem que o sistema aprenda com exemplos e dados, em vez de ter que ser programado explicitamente. A vantagem desta abordagem é que ela pode lidar com dados complexos e variáveis e é capaz de aprender e se adaptar continuamente. No entanto, a qualidade dos resultados depende da qualidade dos dados de treinamento e a IA pode não ser capaz de explicar como chegou a uma decisão.

3. Redes neurais: Esta abordagem é baseada no funcionamento do cérebro humano e utiliza um conjunto de neurônios artificiais interconectados para aprender e tomar decisões. A vantagem desta abordagem é que é altamente adaptável e pode lidar com dados complexos. No entanto, é difícil entender como as redes neurais chegam às suas decisões e os resultados podem ser difíceis

de interpretar.

4. Computação evolutiva: Esta abordagem utiliza algoritmos inspirados na seleção natural para evoluir soluções para um problema. A vantagem desta abordagem é que ela pode encontrar soluções ótimas para problemas complexos e pode lidar com múltiplas soluções. No entanto, pode ser difícil encontrar a solução ideal e o processo pode ser demorado.

Essas são apenas algumas das abordagens para construir sistemas inteligentes. Cada abordagem tem suas próprias vantagens e desvantagens e a escolha da abordagem depende do problema a ser resolvido e dos recursos disponíveis.

3. Aplicações Da Inteligência Artificial

A inteligência artificial tem diversas aplicações em áreas como saúde, finanças, transporte, educação, entre outras. Algumas das principais aplicações incluem: diagnóstico médico, previsão de mercado financeiro, automação de processos, reconhecimento de fala e imagem, veículos autônomos, chatbots e assistentes virtuais, entre muitas outras. A IA também pode ser utilizada para melhorar a eficiência e a precisão de processos em diversas áreas, além de possibilitar a descoberta de novos insights e oportunidades de negócio.

A Inteligência Artificial Tem Diversas Aplicações Na Área Da Saúde, Como Por Exemplo:

1. Diagnóstico médico: IA pode ajudar na identificação de doenças e distúrbios com base em imagens médicas, como tomografias e ressonâncias magnéticas, e dados de pacientes, como histórico médico e sintomas.

2. Análise de dados: A IA pode ajudar a analisar grandes quantidades de dados médicos, como registros de pacientes e ensaios clínicos, para identificar padrões e insights úteis.

3. Personalização do tratamento: A IA pode ajudar a personalizar o tratamento médico com base em dados de pacientes individuais, como genética e histórico médico, para melhorar a eficácia do tratamento e reduzir os efeitos colaterais.

4. Monitoramento remoto: A IA pode ajudar a monitorar pacientes remotamente, identificando possíveis problemas de saúde e fornecendo alertas em tempo real aos médicos e profissionais de saúde.

5. Descoberta de medicamentos: A IA pode ajudar a acelerar a descoberta de novos medicamentos e terapias, analisando grandes quantidades de dados biológicos e químicos para identificar

possíveis alvos de tratamento.

Nas Finanças

A inteligência artificial tem diversas aplicações no setor financeiro, como por exemplo:

1. Previsão de mercado financeiro: A IA pode ajudar a prever as tendências do mercado financeiro, analisando grandes quantidades de dados econômicos e financeiros.

2. Detecção de fraude: A IA pode ajudar a detectar atividades suspeitas e fraudulentas em transações financeiras, reduzindo o risco de fraude.

3. Análise de crédito: A IA pode ajudar a avaliar o risco de crédito

de um cliente, analisando seu histórico financeiro e de crédito.

4. Automação de processos: A IA pode ajudar a automatizar tarefas repetitivas e rotineiras em empresas financeiras, melhorando a eficiência e reduzindo custos.

5. Assistente virtual: A IA pode ser usada para criar assistentes virtuais que ajudam os clientes a gerenciar suas finanças, fornecendo informações e orientações personalizadas.

Nos Transportes

A inteligência artificial tem um grande potencial para melhorar a eficiência e a segurança no transporte, podendo ser aplicada em áreas como controle de tráfego, previsão de demanda, otimização de rotas, monitoramento de veículos e detecção de anomalias ou problemas técnicos. Além disso, a IA também pode ser utilizada em sistemas de assistência ao motorista e de condução autônoma.

Na Educação

A inteligência artificial pode ser aplicada na educação de diversas formas, como na personalização do aprendizado, na análise de dados educacionais para melhorar o desempenho dos alunos, na criação de sistemas de tutoria inteligente e na identificação de padrões de comportamento dos alunos. Além disso, a IA também pode ser utilizada na criação de materiais educacionais interativos e adaptativos, na detecção automática de plágio e na avaliação automatizada de trabalhos e provas.

PROF LUIZ TOZZO

4. Ética E Responsabilidade Em Inteligência Artificial

A ética e a responsabilidade em inteligência artificial são fundamentais para garantir que as tecnologias sejam desenvolvidas e utilizadas de forma justa, transparente e segura para todos. Isso envolve considerar as implicações sociais, políticas e econômicas das decisões tomadas pelos sistemas de IA, bem como garantir que os dados usados para treiná-los sejam representativos e não discriminatórios. Além disso, é importante estabelecer mecanismos de prestação de contas e transparência para que as pessoas possam entender como os sistemas de IA funcionam e como as decisões são tomadas.

Os impactos sociais e éticos da inteligência artificial são complexos e variados. Por um lado, a IA pode trazer benefícios significativos para a sociedade, como diagnósticos médicos mais precisos, maior eficiência na produção de bens e serviços e até mesmo a redução de acidentes em estradas. Por outro lado, a IA também pode criar desigualdades e injustiças, como a exclusão de grupos marginalizados, a criação de vieses discriminatórios e a falta de transparência na tomada de decisões.

É importante considerar que a IA é tão boa quanto os dados que a alimentam e as pessoas que a programam e a utilizam. Portanto, é necessário um esforço consciente para garantir que os dados sejam representativos e não discriminatórios e que os profissionais de IA sejam treinados em questões éticas e sociais relevantes. Além disso, é importante ter mecanismos de prestação de contas e transparência para que as decisões tomadas pelos sistemas de IA possam ser auditadas e compreendidas pelas pessoas afetadas por elas.

5. Como A Inteligência Artificial Aprende

A inteligência artificial aprende por meio de algoritmos de aprendizado de máquina que permitem que os sistemas de IA identifiquem padrões nos dados e, assim, possam fazer previsões ou tomar decisões. Existem vários tipos de algoritmos de aprendizado de máquina, incluindo:

1. Aprendizado supervisionado: o sistema de IA é alimentado com dados rotulados para aprender a fazer previsões ou classificações com base nesses rótulos.

2. Aprendizado não supervisionado: o sistema de IA é alimentado com dados não rotulados e é deixado para identificar padrões por conta própria.

3. Aprendizado por reforço: o sistema de IA é alimentado com dados de feedback e aprende a tomar decisões que maximizam uma recompensa.

Durante o processo de aprendizado, a IA ajusta seus parâmetros para melhor se adequar aos dados de treinamento, a fim de fazer previsões mais precisas ou tomar decisões mais informadas. À medida que mais dados são adicionados, a IA pode continuar a ajustar seus parâmetros e melhorar sua precisão e desempenho.

6. Robótica E Inteligência Artificial

A robótica e a inteligência artificial são frequentemente combinadas para criar sistemas robóticos autônomos e inteligentes. A inteligência artificial é usada para permitir que robôs tomem decisões e realizem tarefas sem a intervenção humana. Isso envolve o uso de algoritmos de aprendizado de máquina para ensinar o robô a reconhecer objetos, navegar em um ambiente, evitando obstáculos e tomar decisões com base em informações sensoriais.

Os robôs também podem ser equipados com sensores, como câmeras, microfones e sensores táteis, para coletar informações sobre o ambiente em que estão operando. Essas informações são então processadas por meio de algoritmos de inteligência artificial para permitir que o robô tome decisões informadas e execute tarefas com precisão e eficiência.

Os sistemas robóticos autônomos e inteligentes têm muitas aplicações práticas em áreas como manufatura, logística, cuidados de saúde, agricultura e exploração espacial. No entanto, há também preocupações sobre o impacto dessas tecnologias no mercado de trabalho e sobre questões éticas e de segurança em torno do uso de robôs em situações perigosas ou sensíveis.

Como A Inteligência Artificial Está Sendo Integrada Em Robôs Para Torná-Los Mais Inteligentes E Autônomos

A IA está sendo integrada em robôs de várias maneiras para torná-los mais inteligentes e autônomos. Aqui estão algumas das principais maneiras:

1. Aprendizado de máquina: os robôs podem ser equipados

com algoritmos de aprendizado de máquina para aprender a reconhecer objetos, navegar em ambientes complexos e tomar decisões com base em informações sensoriais.

2. Processamento de linguagem natural: os robôs podem ser equipados com processamento de linguagem natural para entender e responder a comandos de voz.

3. Visão computacional: os robôs podem ser equipados com câmeras e software de visão computacional para detectar objetos, reconhecer rostos e ler códigos de barras.

4. Inteligência artificial distribuída: os robôs podem ser conectados a redes de inteligência artificial distribuída para compartilhar informações e tomar decisões coletivas.

5. Redes neurais profundas: os robôs podem ser equipados com redes neurais profundas para aprender a realizar tarefas complexas, como reconhecimento de fala ou reconhecimento de imagem.

6. Robótica colaborativa: os robôs podem ser equipados com

sensores e algoritmos para trabalhar em conjunto com humanos, permitindo que eles realizem tarefas mais complexas e eficientes.

No geral, a IA está sendo integrada em robôs para torná-los mais autônomos e capazes de realizar tarefas complexas com mais segurança e eficiência, permitindo que os humanos se concentrem em tarefas que exigem mais habilidades e criatividade.

7. Inteligência Artificial E Processamento De Linguagem Natural

A inteligência artificial (IA) e o processamento de linguagem natural (NLP) estão intimamente relacionados. A IA permite que os computadores aprendam e tomem decisões com base em dados, enquanto o NLP permite que os computadores entendam e processem a linguagem natural dos seres humanos.

O NLP é uma área da IA que se concentra em como as máquinas podem entender, interpretar e produzir a linguagem humana. Ele usa algoritmos de aprendizado de máquina para analisar a linguagem natural e extrair informações relevantes. Isso permite que os sistemas de computador compreendam e respondam a perguntas, traduzam idiomas e até mesmo gerem texto de forma autônoma.

Alguns exemplos de aplicação de NLP incluem assistentes virtuais como a Siri da Apple e a Alexa da Amazon, que conseguem entender o que os usuários estão dizendo e responder de forma adequada. O NLP também é amplamente utilizado em chatbots, que são programas de computador que podem interagir com os usuários por meio de mensagens de texto ou voz.

Em resumo, a IA e o NLP trabalham juntos para permitir que os computadores entendam e processem a linguagem natural humana, o que tem inúmeras aplicações em várias áreas, desde assistentes virtuais até chatbots e tradução de idiomas.

Como Os Computadores São Capazes De Entender E Produzir Linguagem Humana.

Os computadores são capazes de entender e produzir linguagem humana utilizando técnicas de processamento de linguagem natural (NLP). Existem várias etapas envolvidas no processo de NLP, incluindo:

1. Análise morfológica: essa etapa envolve a análise das palavras em uma frase e como elas se relacionam entre si. Isso inclui a identificação de palavras raiz, sufixos e prefixos.

2. Análise sintática: nesta etapa, a estrutura gramatical da frase é analisada para identificar as relações entre as palavras e como elas se organizam.

3. Análise semântica: nesta etapa, o significado das palavras é analisado para entender o significado geral da frase.

4. Análise pragmática: esta etapa envolve a compreensão do contexto em que a frase é usada.

5. Geração de linguagem: depois de entender o significado da frase, o computador pode gerar uma resposta adequada em linguagem natural.

Essas etapas geralmente envolvem algoritmos de aprendizado de máquina que permitem que o computador aprenda com exemplos de linguagem natural. Os algoritmos usam técnicas como redes neurais e processamento de linguagem profunda para analisar grandes conjuntos de dados de linguagem natural e aprender a reconhecer padrões e relações entre as palavras.

A produção de linguagem natural é realizada pelo processo inverso, em que o computador usa as informações que aprendeu para gerar uma resposta adequada em linguagem natural. Isso pode ser feito por meio de técnicas como geração de texto e síntese de voz, onde o computador pode gerar texto ou fala para responder a perguntas ou realizar tarefas específicas.

Em resumo, os computadores são capazes de entender e produzir linguagem humana usando técnicas de processamento de linguagem natural que envolvem análise morfológica, sintática, semântica e pragmática, bem como algoritmos de aprendizado de máquina para aprender com exemplos de linguagem natural.

8. Visão Computacional

Inteligência Artificial (IA) e Visão Computacional (VC) são duas áreas inter-relacionadas da ciência da computação que têm o objetivo de tornar as máquinas capazes de "ver" e "entender" o mundo ao seu redor.

A IA é um campo da ciência da computação que envolve o desenvolvimento de algoritmos e técnicas que permitem que as máquinas possam aprender e tomar decisões de forma autônoma. A IA é usada em uma ampla variedade de aplicações, desde jogos de computador até carros autônomos, e a visão computacional é uma das áreas em que a IA é aplicada.

A VC é uma área da IA que se concentra no desenvolvimento de algoritmos e técnicas que permitem que as máquinas possam "ver" e interpretar imagens e vídeos. A VC é usada em uma ampla variedade de aplicações, desde segurança e vigilância até diagnóstico médico e automação industrial.

Algumas técnicas comuns usadas na VC incluem reconhecimento de padrões, detecção de objetos, segmentação de imagens e reconhecimento facial. Essas técnicas geralmente envolvem o uso de algoritmos de aprendizado de máquina que são treinados com grandes conjuntos de dados de imagens e vídeos para aprender a reconhecer padrões e características específicas.

Em resumo, a IA e a VC são áreas inter-relacionadas da ciência da computação que têm como objetivo tornar as máquinas capazes de "ver" e "entender" o mundo ao seu redor. A IA é usada para desenvolver algoritmos e técnicas que permitem que as máquinas aprendam e tomem decisões de forma autônoma, enquanto a VC se concentra no desenvolvimento de algoritmos e técnicas que permitem que as máquinas possam interpretar imagens e vídeos.

Como Os Computadores Podem "Ver" E Interpretar Imagens E Vídeos

Os computadores podem "ver" e interpretar imagens e vídeos por meio de algoritmos de processamento de imagem e visão computacional. Esses algoritmos analisam as informações presentes nos pixels da imagem ou quadro do vídeo e realizam tarefas como detecção de objetos, reconhecimento de padrões, identificação de rostos e muito mais. Para isso, utilizam técnicas como aprendizado de máquina e redes neurais, que permitem aos computadores aprender com exemplos e melhorar continuamente suas capacidades de "ver" e interpretar imagens e vídeos.

9. Desafios Da Inteligência Artificial

 inteligência artificial (IA) enfrenta vários desafios, incluindo:

1. Viés: a IA pode reproduzir e amplificar preconceitos existentes em dados históricos, sociais e culturais.

2. Interpretação: a IA pode ser difícil de interpretar, especialmente em sistemas de aprendizado profundo, onde os algoritmos são treinados em grande escala.

3. Segurança: a IA pode ser vulnerável a ataques cibernéticos, incluindo ataques de adversários que tentam enganar ou manipular o sistema.

4. Ética: a IA pode levantar questões éticas, especialmente em

áreas como privacidade, governança e responsabilidade.

5. Emprego: a IA pode substituir empregos em diversas áreas, o que pode levar a mudanças significativas na economia e na sociedade.

6. Regulamentação: há muitos desafios para regulamentar a IA, incluindo a necessidade de abordagens flexíveis e adaptáveis que possam lidar com o rápido avanço da tecnologia.

Desafios Que Os Pesquisadores Enfrentam Ao Tentar Criar Sistemas Inteligentes Avançados.

Os pesquisadores enfrentam vários desafios ao tentar criar sistemas inteligentes avançados, incluindo:

1. Dados de treinamento insuficientes: muitos sistemas de inteligência artificial dependem de grandes quantidades de dados

de treinamento para aprender com exemplos e melhorar sua precisão. No entanto, em alguns casos, pode ser difícil encontrar dados de treinamento suficientes e de alta qualidade.

2. Complexidade do problema: alguns problemas são tão complexos que mesmo os sistemas de inteligência artificial mais avançados têm dificuldades para resolvê-los. Por exemplo, tarefas como compreensão de linguagem natural e tomada de decisão em ambientes incertos podem ser extremamente desafiadoras.

3. Interpretabilidade: muitos sistemas de inteligência artificial são difíceis de interpretar, o que pode dificultar a identificação de erros ou problemas com o sistema.

4. Viés: a inteligência artificial pode amplificar preconceitos existentes nos dados de treinamento, resultando em modelos tendenciosos que discriminam certos grupos.

5. Segurança: os sistemas de inteligência artificial podem ser vulneráveis a ataques cibernéticos e outros tipos de ataques maliciosos. A segurança é uma preocupação importante em áreas como saúde, finanças e defesa.

6. Ética: a inteligência artificial pode levantar questões éticas complexas, como privacidade, governança e responsabilidade. Os pesquisadores devem considerar cuidadosamente essas questões ao projetar sistemas de inteligência artificial avançados.

10. Futuro Da Inteligência Artificial:

Os pesquisadores enfrentam vários desafios ao tentar criar sistemas inteligentes avançados, incluindo:

1. Coleta e qualidade dos dados: a qualidade dos modelos de inteligência artificial depende da qualidade dos dados utilizados para treiná-los. Os pesquisadores precisam coletar grandes quantidades de dados de alta qualidade para melhorar a precisão e a eficácia dos sistemas.

2. Compreensão do funcionamento do cérebro humano: apesar de muitos avanços na compreensão do cérebro humano, ainda há muito que não sabemos sobre como ele funciona. Essa falta de conhecimento pode limitar nossa capacidade de criar sistemas de inteligência artificial que possam replicar a inteligência humana.

3. Desafios técnicos: criar sistemas de inteligência artificial avançados requer habilidades técnicas avançadas em áreas como matemática, ciência da computação, engenharia de software e robótica. Os pesquisadores precisam enfrentar desafios técnicos complexos para criar sistemas de IA eficazes.

4. Questões éticas e de segurança: a criação de sistemas de inteligência artificial avançados levanta questões éticas e de segurança, especialmente quando se trata de sistemas autônomos. Os pesquisadores precisam considerar cuidadosamente a ética e a segurança dos sistemas de IA ao projetá-los e implementá-los.

5. Exigências de recursos: a criação de sistemas de inteligência artificial avançados requer grandes quantidades de recursos computacionais e financeiros, bem como equipes de pesquisa altamente qualificadas. A falta de recursos pode limitar o progresso na criação de sistemas de IA avançados.

Uma Reflexão Sobre O Potencial Da Ia Para Transformar A Sociedade E As Possíveis Implicações De Um Futuro Com Sistemas Cada Vez Mais Inteligentes.

A inteligência artificial tem o potencial de transformar radicalmente a sociedade, afetando todos os aspectos da vida, incluindo trabalho, educação, saúde, transporte e lazer. A IA pode ajudar a resolver grandes desafios globais, como a mudança climática, a pobreza, a fome e a saúde pública, criando soluções inovadoras e eficazes.

No entanto, essa transformação também pode ter implicações

negativas. A IA pode levar a desigualdades sociais e econômicas, à perda de empregos e ao aumento da dependência de sistemas tecnológicos. A IA também pode ser usada para fins mal-intencionados, como a manipulação de informações ou a criação de armas autônomas.

Além disso, a IA pode apresentar desafios éticos e de privacidade, pois pode coletar, analisar e utilizar dados pessoais sem o consentimento das pessoas. Isso pode levar a violações de privacidade e a uma sensação de falta de controle sobre nossas próprias informações pessoais.

Para lidar com essas implicações, é importante que os desenvolvedores de IA considerem cuidadosamente os impactos sociais, éticos e de privacidade de seus sistemas. Eles devem trabalhar em colaboração com especialistas em ética, direitos humanos e privacidade para garantir que a IA seja usada de maneira responsável e justa.

Em resumo, a IA tem o potencial de transformar a sociedade de maneiras positivas, mas é importante que os desenvolvedores e usuários trabalhem juntos para garantir que esses sistemas sejam usados de maneira responsável, ética e justa.

11.Humanóides E A Inteligência Artificial

Os humanoides são robôs com forma humana, que podem ser controlados por inteligência artificial. A IA é usada para programar o comportamento, movimentos e interação dos humanoides com o ambiente e com as pessoas.

Os humanoides também podem ser usados para o desenvolvimento e teste de sistemas de IA, uma vez que permitem que os algoritmos de aprendizado sejam treinados em um ambiente mais próximo do mundo real. Além disso, a interação com humanoides pode ajudar a melhorar a usabilidade e a aceitação de tecnologias de IA pelos usuários finais.

Os Humanóides Podem Trazer Riscos A Humanidade Ao Ser Controlado Por Inteligência Artificial?

Existem preocupações legítimas sobre o uso de robôs humanoides controlados por inteligência artificial e seus possíveis riscos para a humanidade. Esses riscos incluem a possibilidade de que os humanoides sejam programados para comportamentos perigosos ou mal-intencionados, ou que a IA possa se tornar tão avançada que os humanos percam o controle sobre esses robôs.

Um exemplo de preocupação é a possibilidade de que os robôs humanoides possam ser usados para fins militares, como soldados autônomos que tomam decisões de vida ou morte sem intervenção humana. Isso pode levar a um aumento da violência e conflitos armados.

Além disso, há preocupações de que os robôs humanoides possam substituir os trabalhadores humanos em muitas indústrias, o que pode levar a uma perda significativa de empregos.

Por isso, é importante que os robôs humanoides controlados pela IA sejam desenvolvidos e regulamentados com cuidado e responsabilidade, levando em conta os possíveis riscos e benefícios para a humanidade. A ética e a segurança devem ser prioridades em qualquer desenvolvimento de tecnologia.

12.Forças Armadas E A Inteligência Artificial

A s forças armadas estão cada vez mais interessadas em usar a inteligência artificial em suas operações. A IA pode ser usada para análise de dados, planejamento de missões, simulações e treinamento de combatentes. Além disso, a IA pode ser usada para aprimorar a eficiência e a eficácia de equipamentos e sistemas militares.

No entanto, a utilização da IA nas forças armadas também levanta questões éticas e de segurança. É necessário garantir que os sistemas de IA sejam confiáveis, seguros e não violem as leis e normas internacionais. Por isso, é importante que a utilização da IA pelas forças armadas seja acompanhada de uma regulamentação adequada e de medidas de transparência e responsabilidade.

Qual O Risco Das Forças Armadas Com Inteligência Artificial Serem Usadas Por Ditadores?

O uso de forças armadas com inteligência artificial por ditadores pode ser extremamente perigoso, pois a IA pode ser programada para tomar decisões que violem os direitos humanos e as liberdades individuais. Além disso, a IA pode ser usada para monitorar e controlar a população, o que pode levar a abusos de poder e repressão. É importante que haja regulamentação e supervisão adequadas para garantir que a tecnologia seja usada de maneira ética e responsável.

13.O Espaço Sideral E A Inteligência Artificial

A inteligência artificial tem muitos usos no espaço sideral, desde a análise de dados coletados de telescópios e satélites, até o controle de robôs e veículos espaciais autônomos. A IA também pode ser usada para prever e mitigar riscos de colisões de objetos espaciais, bem como para otimizar o uso de recursos em missões espaciais.

Além disso, a IA pode ser usada para o desenvolvimento de sistemas de suporte à vida em ambientes hostis, como em viagens espaciais de longa duração. A capacidade de aprendizado da IA também pode ser usada para melhorar a eficiência e a eficácia das missões espaciais, permitindo que as equipes identifiquem e resolvam problemas com mais rapidez e precisão.

No entanto, a utilização da IA no espaço sideral também levanta questões éticas e de segurança, como a garantia de que os sistemas de IA sejam confiáveis e seguros e não violem as leis e normas internacionais. Por isso, é importante que a utilização da IA no espaço sideral seja acompanhada de uma regulamentação adequada e de medidas de transparência e responsabilidade.

14.Inteligência Artificial E O Agronegócio

A utilização da inteligência artificial (IA) no agronegócio pode trazer vários benefícios, tais como:

1. Aumento da produtividade: a IA pode ajudar na previsão de condições climáticas, otimização do uso de insumos e na identificação de áreas que necessitam de mais atenção, aumentando a eficiência e a produtividade da produção agrícola.

2. Melhoria da qualidade dos produtos: a IA pode ser utilizada para monitorar e controlar o ambiente de produção, identificando situações que possam afetar a qualidade dos produtos, como pragas e doenças.

3. Redução de custos: a IA pode ajudar na otimização do uso de

recursos, como água e energia elétrica, reduzindo os custos de produção.

4. Tomada de decisões mais precisas: a IA pode ser usada para analisar grandes quantidades de dados, permitindo a tomada de decisões mais precisas e informadas, como por exemplo a época ideal para a colheita.

5. Monitoramento remoto: a IA pode ser utilizada para monitorar remotamente as áreas de produção, permitindo que os agricultores acompanhem o desenvolvimento de suas lavouras em tempo real, sem a necessidade de estar fisicamente presente em todos os momentos.

15.Será O Fim?

Não, a inteligência artificial não será o fim. A IA é uma ferramenta poderosa que tem o potencial de melhorar muitos aspectos da nossa vida, como a saúde, a educação, a segurança e a economia. Ela pode ajudar a resolver problemas complexos, acelerar a pesquisa científica e melhorar a eficiência em vários setores. No entanto, assim como qualquer tecnologia, a IA também pode ser mal utilizada ou mal compreendida, o que pode levar a consequências negativas. É importante que os pesquisadores, desenvolvedores e usuários da IA considerem cuidadosamente seus impactos sociais e éticos e trabalhem juntos para garantir que a IA seja usada de maneira responsável e benéfica para a sociedade.

16.Conclusão

A inteligência artificial é uma área fascinante que tem evoluído rapidamente desde suas primeiras ideias até os avanços mais recentes. Existem diferentes abordagens para construir sistemas inteligentes, como aprendizado de máquina, redes neurais e lógica simbólica, cada um com suas vantagens e desvantagens. A IA está sendo usada em vários setores, como saúde, finanças e transporte, e tem o potencial de transformar a sociedade. No entanto, é importante discutir os impactos sociais e éticos da IA e garantir que ela seja usada de maneira responsável. Os algoritmos de aprendizado de máquina são fundamentais para permitir que a IA aprenda, e estão sendo integrados em robôs para torná-los mais inteligentes e autônomos. A IA também está sendo usada para processamento de linguagem natural e visão computacional, permitindo que os computadores entendam e produzam linguagem humana e interpretem imagens e vídeos. No entanto, a IA enfrenta desafios significativos, incluindo a falta de transparência e a dificuldade de interpretar o raciocínio de sistemas complexos. É importante que os pesquisadores continuem a enfrentar esses desafios para criar sistemas inteligentes avançados e garantir que a IA seja usada para o bem da sociedade.

17. Referência Bibliografica

1-OpenAI. "ChatGPT é uma inteligência artificial de linguagem natural desenvolvida pela OpenAI, que usa uma arquitetura de rede neural para gerar respostas a perguntas feitas por usuários." Acesso em 18 de abril de 2023. (https://openai.com/blog/chat-gpt-3-launch/)

2-http://bibliajfa.com.br/app/arc/270/12/4